W0066110

Gerdwin Mast
Pfleggartenweg 36
73266 Bissingen/Teck
Tel. 07023 / 2848

hänssler

Kurt Scherer

Der Herr, mein Hirte

Der Herr, mein Hirte

Inhalt

Der gute Hirte

Ein Psalm Davids.

Der Herr ist mein Hirte,
mir wird nichts mangeln.
Er weidet mich auf einer grünen Aue
und führet mich zum frischen Wasser.
Er erquicket meine Seele.
Er führet mich auf rechter Straße
um seines Namens willen.
Und ob ich schon wanderte im finstern Tal,
fürchte ich kein Unglück;
denn du bist bei mir,
dein Stecken und Stab trösten mich.
Du bereitest vor mir einen Tisch
im Angesicht meiner Feinde.
Du salbest mein Haupt mit Öl
und schenkest mir voll ein.
Gutes und Barmherzigkeit werden mir folgen
mein Leben lang,
und ich werde bleiben im Hause
des Herrn immerdar.

Psalm 23

Psalm 23

ist ein Meisterwerk der Dichtung.
Mit einzigartigen, aussagestarken Bildern
beschreibt David seine personale Beziehung zu
und seine persönlichen Erfahrungen mit Gott.
Ungezählte Menschen haben diesen Psalm
bis heute nachgesprochen
und werden ihn auch in Zukunft
»in Freud und Leid, in Glück und Not« beten,
sodass er zu »ihrem« Psalm wird.

Ich kenne den Psalm

Es ist bei einer Familienfeier.
Auch ein Schauspieler ist zu Gast.
Man fordert ihn auf, etwas vorzutragen.
Er bittet um Vorschläge.
Psalm 23 wird gewünscht.
Der Schauspieler, etwas verlegen, willigt ein
unter der Bedingung, dass auch der anwesende
Pfarrer den Psalm nach ihm vorträgt.
Man gibt dem Schauspieler eine Bibel.
Er trägt den Hirtenpsalm mit ausgezeichneter
Stimme und klarer Betonung vor.
Es gibt reichlich Beifall.
Dann wiederholt der alte Pfarrer den Psalm.
Niemand spendet am Schluss Beifall.
Aber mancher der Anwesenden
ist im Innersten bewegt.
Da sagt der Schauspieler offen und ehrlich:
»Herr Pfarrer, ich kenne den Psalm.
Sie aber kennen den Hirten!«

Du bist der gute Hirte!

»Der Herr ist mein Hirte ...«

Herr, mein Hirte.
Herr ist, wer das Sagen hat
in meinem Leben.
Herr ist, wer mich beherrscht,
was mich bestimmt.
Der Herr – nicht irgendwer –
ist mein Hirte.
»Fragst du, wer er ist?
Er heißt Jesus Christ
und ist kein anderer Gott!«
Absolut! Einmalig! Einzigartig!
Dieser Herr ist mein Hirte;
mein Hirte – ganz persönlich.
Da besteht eine personale
Beziehung,
eine Vertrauensbasis.
Der Glaube ist etwas Persönliches,
allerdings nichts Privates.
Das besitzanzeigende »mein«
und der bestimmte Artikel »der«
dokumentieren das.
Da ist Gewissheit im Gott
vertrauenden Denken.
Ein Gottvertrauen ohne den Herrn,
Jesus Christus,
kann nur eine andere Form
von Selbstvertrauen sein.
Was ich besitze, besitzt mich!
Ich bin ein Eigentum dieses
Herrn Jesus Christus.

Du bist mein guter Hirte!

Mein Hirte ist der Herr

Herr, mein Hirte,
viele wollen das Sagen haben,
den Ton angeben in meinem Leben;
Menschen ebenso wie Dinge.
Macht, Geld, Ehrgeiz ...
sie alle melden ihre Ansprüche an,
wollen Sitz- und Stimmrecht in
meinem Leben haben.
Doch nicht nur von außen,
auch von innen,
aus mir selbst melden sich Gedanken,
die selbst bestimmen wollen,
wo's lang geht.
Selbstbestimmung argumentieren sie,
keine Fremdbestimmung.
Solche Thesen sind dann Wasser

auf die Mühle meines »Selbst«,
der Eigenwilligkeit.
Unterm Strich heißt das:
Ich selbst will bestimmen,
wo 's hingeht,
was gemacht wird
und was nicht;
ich selbst will mich führen.
Allen geht es –
im Gegensatz zum guten Hirten –
um ihren Vorteil.
Ihre Devise:
»Jeder denkt an sich
nur ich denk' an mich!«
Du aber denkst an mich!

Du bist mein guter Hirte!

Das ist genug

Eines Tages wurde der Pfarrer vom Redakteur
der örtlichen Zeitung angerufen.
Er wollte das Thema
für den nächsten Gottesdienst wissen.
»Der Herr ist mein Hirte«, antwortete der Pfarrer.
»Ist das genug?«, fragte der Redakteur,
»oder muss noch etwas hinzugefügt werden?«
»Das ist genug«, antwortete der Pfarrer.
Offenbar hatte der Redakteur das falsch verstanden,
denn am nächsten Tag stand in der Zeitung:
»Thema des Gottesdienstes:
›Der Herr ist mein Hirte. Das ist genug!‹«
Verkehrt verstanden,
und doch kein Missverständnis.
Das ist die Erfahrung derer,
die die Probe auf's Exempel machen:
»Der Herr ist mein Hirte. Das ist genug!«

Du bist der gute Hirte!

»... mir wird nichts mangeln ...«

Herr, mein Hirte, manchmal – offen gestanden –
frag ich schon: »Stimmt das?«:
»mir wird nichts mangeln«?
»Nichts«?
Manchmal empfinde ich schon Defizite
in meinem Leben;
denke, ich käme zu kurz, wäre benachteiligt,
vor allem, wenn ich vergleiche.
Dann kommen Fragen wie:
Warum ich? Warum jetzt?
Wozu? Wieso? Weshalb?
Was soll's?
Dann schleichen sich Sorgen ein;
die Angst will sich breit machen;
Unzufriedenheit nach mir greifen ...
Ich hätte dann gerne »mehr oben auf«:
mehr Gesundheit, mehr Freude,
mehr Schaffenskraft, mehr Zuversicht,

mehr Hoffnung, mehr Liebe,
mehr Besonnenheit, mehr Weisheit ...
und weniger »unten durch«:
weniger Krankheit, weniger Schmerzen,
weniger Konflikte, weniger Spannungen,
weniger Probleme, weniger Angst,
weniger Sorgen, weniger Enttäuschungen ...
Dann kämpfen Misstrauen und Vertrauen in mir:
»Nichts mangeln?« – »Nichts mangeln!«
»Nichts mangeln!« siegt.
Nicht weil du mir meine Wünsche erfüllst,
sondern weil du mir neue Einsichten vermittelst,
worauf es wirklich ankommt:
Es geht um die Qualität meines Lebens.
Du ent-hältst mir nichts vor,
was ich wirklich brauche –
auf dem Weg zum ewigen Leben.

Du bist mein guter Hirte!

Wie ein guter Vater

Gott ist wie ein Vater.
Es gibt gute Väter.
Gott ist so einer.
Er sorgt für mich.
Er ist besorgt um mich.
Er umsorgt mich.
Er sorgt sich um mich.
Mir gilt seine ganze
Vorsorge,
Fürsorge,
Nachsorge.
Ich brauche mir keine
Sorgen zu machen.
Ich bin seine einzige Sorge.
Er versorgt mich,
umfassend.

Gibt mir Nahrung für
meinen Geist,
meine Seele,
meinen Leib,
wenn sonst niemand
meinen Hunger sättigt.
Er gibt mir Wasser,
das meinen Lebensdurst
stillt.
Mein Wohlergehen,
meine Lebensqualität
liegt ihm am Herzen.
Er lädt mich ein:
Lass mich mal für dich
sorgen!
Eine reiche Ein-ladung.

Gott ist mein guter Vater!

»Er weidet mich auf einer grünen Aue ...«

Herr, mein Hirte,
offen gesagt, manchmal –
besonders wenn's anders läuft
in meinem und anderer Menschen Leben,
als ich gedacht,
gewünscht,
von dir erbeten habe –
kommt mir schon der Gedanke:
Kann ich deinen Verheißungen,
deinen Zusagen, Anweisungen,
überhaupt deinen Worten
uneingeschränkt vertrauen?
Da wird mir das Beschäftigen mit der Bibel
nicht zur Oase,
geschweige denn zur grünen Aue.
Da erlebe ich nur Wüste, Öde, Dürre.
Da wird mir dein Wort nicht zur Speise.

Vielmehr verschlucke ich mich daran.
Es bleibt mir im Hals stecken.
Doch dann klopfst du mir –
im Bild gesprochen –
auf den Rücken,
mehrmals, kräftig,
da ich's nicht gleich begreife,
dass du mir damit helfen willst.
Zunächst erschrecke ich,
weil ich denke:
Na, schon wieder eins drüber!?
Doch über deinem Klopfen
wird mir's tatsächlich wohler.
Hast schon eigenartige Methoden,
zur grünen Aue zu führen.
Ich dachte ...
Du aber ...

Du bist mein guter Hirte!

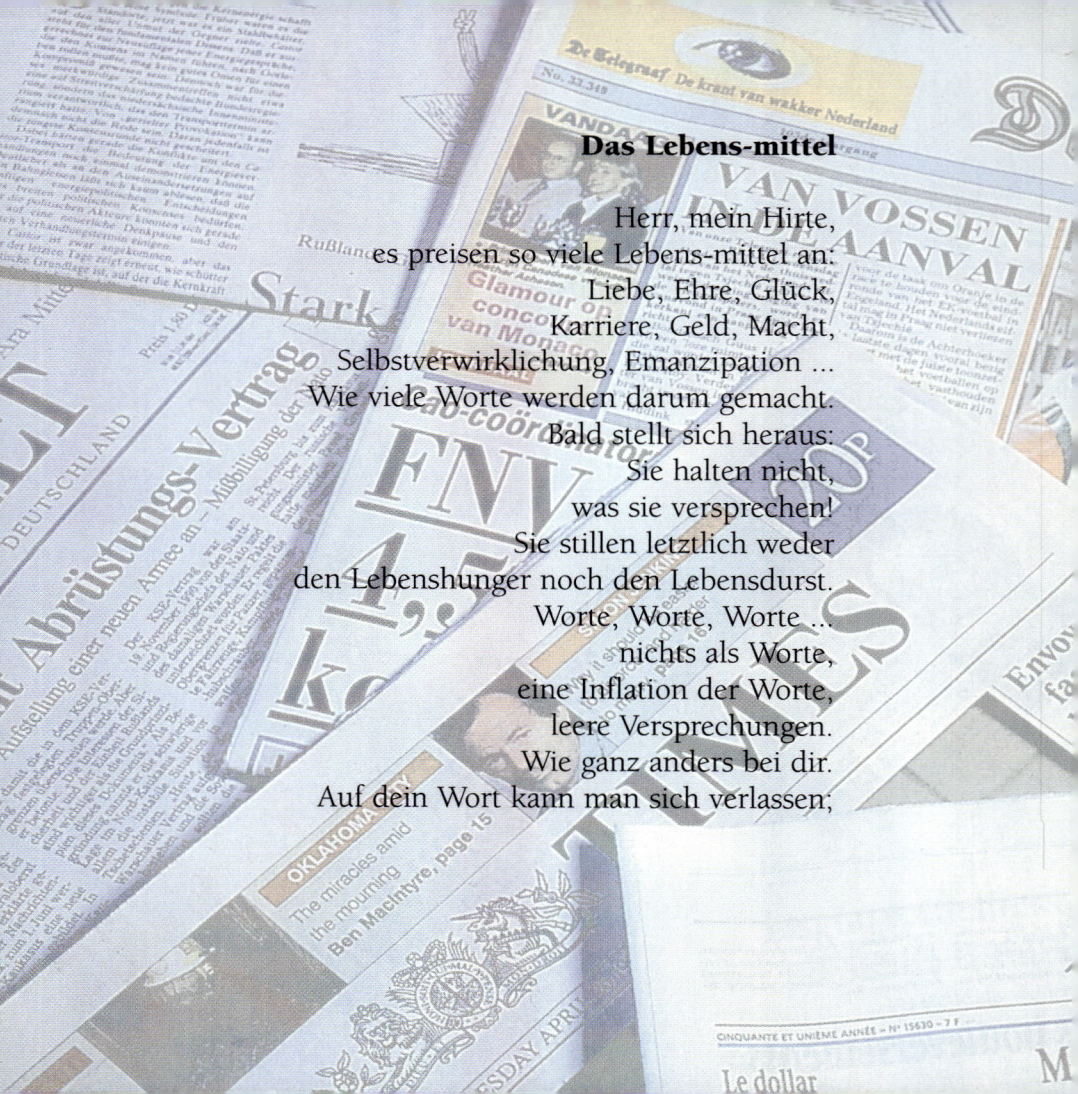

Das Lebens-mittel

Herr, mein Hirte,
es preisen so viele Lebens-mittel an:
Liebe, Ehre, Glück,
Karriere, Geld, Macht,
Selbstverwirklichung, Emanzipation ...
Wie viele Worte werden darum gemacht.
Bald stellt sich heraus:
Sie halten nicht,
was sie versprechen!
Sie stillen letztlich weder
den Lebenshunger noch den Lebensdurst.
Worte, Worte, Worte ...
nichts als Worte,
eine Inflation der Worte,
leere Versprechungen.
Wie ganz anders bei dir.
Auf dein Wort kann man sich verlassen;

du hältst, was du versprichst;
hast dich an dein Wort gebunden.
Du hast Worte des ewigen Lebens.
Ich habe dich kennen und lieben gelernt
durch dein Wort,
unter dem Einwirken deines Heiligen Geistes.
Erst war ich ihm gegenüber skeptisch,
dann habe ich ihm vertraut.
Erst habe ich es auswendig gelernt,
dann inwendig erlebt.
Erst war es für mich Theorie,
dann wurde Praxis daraus.
Dein Wort ist wirklich das Lebens-mittel.
Es vermittelt Leben für die Zeit,
Leben, das wirklich lohnt,
Leben genannt zu werden –
und für die Ewigkeit.

Du bist mein guter Hirte!

»... und führet mich zum frischen Wasser ...«

Herr, mein Hirte,
wie oft habe ich versucht,
meinen Lebensdurst
an menschlichen Quellen zu stillen –
und immer wieder musste ich erkennen:
Es sind Zisternen mit abgestandenem,
brackigem Wasser.
Meistens war es Krankheit,
die mir nebensächlich machte,
was mir bis dahin wert war,
meine Lebensqualität ausmachte:
Erfolg, Ansehen, Gebrauchtwerden,
Beziehungen, Verantwortung, Verpflichtungen,
lieb gewordene Aufgaben, Termine für dich ...
Lange dauerte es oft,
bis mir wieder klar wurde:
Es gibt nur eine einzige Quelle,
die allein den Lebensdurst stillt:
dein guter Heiliger Geist.
Aus dieser göttlichen Quelle
fließt das Lebenselixier,

wirkliches Heil-wasser.
Unter seinem heilsamen Einfluss
wird meine Persönlichkeit profiliert,
erfrischt, gereinigt, geheiligt, geheilt.
Aller Schaden wird gut.
»Stille Wasser gründen tief!«
Als diese Einsicht in mir reifte,
wurde mir dein frisches Wasser zur Labsal.
Ich konnte beginnen,
das Leben zu genießen.
Du hast meinen Lebensdurst gestillt.
Du hast mein Leben reich gemacht!

Du bist mein guter Hirte!

Erfrischung

Der Herr gibt mir
das Arbeitstempo an.
Ich brauche nicht zu hetzen.
Er verschafft mir immer wieder
einige ruhige Minuten,
eine Atempause,
wo ich zu mir kommen kann.
Er stellt mir beruhigende Bilder
vor die Seele,
die mir wieder und wieder
zur Gelassenheit verhelfen.
Oft lässt er mir die Dinge ganz mühelos
und unversehens gelingen,
und ich kann erstaunlich getrost sein.
Ich merke: Wenn man sich
diesem Herrn anvertraut,
bleibt das Herz ganz ruhig.
Obwohl ich eine Überfülle
von täglichen Verpflichtungen habe,
so brauche ich doch nicht nervös zu werden.
Seine stille Gegenwart befreit mich
von aller Nervosität.

Weil er über aller Zeit und allen Dingen steht,
verliert alles andere sein Gewicht.
Oft – mitten im Gedränge –
gibt er ein ermutigendes Erlebnis.
Das ist, als ob er mir
eine Erfrischung darreicht.
Dann erfüllt Freude das Herz,
und eine tiefe Geborgenheit
umfängt mich.
Ich spüre, wie mir daraus
neue Tatkraft förmlich zuströmt,
und es ist mir klar geworden,
dass, wenn ich so
mein Tagewerk ansehe,
mir eine große Ausgeglichenheit erwächst
und Gelingen mir gegeben wird.
Darüber hinaus macht es einfach froh,
zu wissen, dass ich meinem Herrn
auf der Spur bin
und dass ich allezeit
bei ihm daheim sein darf.

Du bist mein guter Hirte!

»Er erquickt meine Seele ...«

Herr, mein Hirte,
was David da bekennt ist geradezu fabelhaft.
So kann man doch nur sprechen, wenn letztlich
alles glatt geht im Leben:
»Nichts mangeln, grüne Auen, Ruhestatt am Wasser,
gestilltes Verlangen, rechter Weg, kein Unglück ...«
Was kann das anderes heißen,
als Zufriedenheit, Geborgenheit, Wohlbefinden ...
Gewiss, es klingt auch etwas an von Gefahr, Not, Angst,
dunklem Tal, Feinden ...
Aber das scheint keine ernsthaften Probleme zu bereiten.
Du wirst schon dafür sorgen,
dass die Feinde nicht zu nahe auf den Leib rücken,
und es auch auf der dunklen Talstrecke noch hell genug ist,
um den nächsten Schritt zu gehen.
Letzt-endlich gibt's ein Fest für die überstandenen Strapazen ...
Stimmt das denn alles? Kann ich auch so beten, so bekennen?
Ist der Weg mit dir so einfach? Oder hört es sich nur so einfach an?

Bei mir ist das immer wieder so anders:
Ich komme so oft auf Durststrecken.
Da wird mir ein so bekannter Psalm nicht zur Ermutigung,
sondern zur Anfechtung mit seinen absoluten Glaubensaussagen:
»Nichts ..., kein ..., voll ...«
Doch dann denke ich wieder,
du hast dich an dein Wort gebunden
und suche das Gespräch mit dir, den Gedanken-austausch:
Du bist es deiner Hirtenehre schuldig,
für mich zu sorgen, mich zu erquicken, mich zu leiten.
Du bürgst mit deinem Namen dafür.
Das reklamiere ich bei dir.
Zugleich denke ich:
Seit wann hat ein »Schaf«
dem Hirten vorzuschreiben, wie er es zu führen hat?!
Auf Grund meiner bisherigen Erfahrungen mit dir,
wage ich es dann aber wieder ganz neu,
dir zu vertrauen, dass du meine Seele erquickst.

Du bist mein guter Hirte!

Wie ein guter Chef

Gott ist wie ein Chef.
Es gibt gute Chefs.
Gott ist so einer.
Er behandelt mich nicht
wie einen dummen Lehrjungen.
Er ist freundlich zu mir,
er kümmert sich um mich,
weil ich ihm viel bedeute.
Ja, er achtet mich wert.
Wenn ich nicht weiter weiß,
hilft er mir.
Er ist jederzeit für mich zu sprechen.
Wenn etwas schief gelaufen ist,
erklärt er mir,
wie ich's in Zukunft besser
machen kann.
Er macht mich nicht
»fix und fertig«.

Er macht mich fertig,
bereitet mich zu,
damit ich nicht mehr leicht-fertig
mein Leben meistern will.
Dadurch bekomme ich wieder
Hoffnung und Mut.
Das gibt mir Geborgenheit
mitten in den Herausforderungen,
sodass sie nicht zu
Überforderungen werden.
Darum werde ich immer
bei diesem Chef bleiben.
Bei ihm kann ich viel
lernen für die Schule meines Lebens.
Einen so guten
Chef gibt es
nicht noch einmal.

Du bist mein guter Chef!

**»Er führet mich auf rechter Straße
um seines Namens willen ...«**

Herr, mein Hirte,
welche Gewissheit spricht aus diesen Worten.
Ich kann das gar nicht immer so frei und froh sprechen.
Manchmal verstehe ich deine Wegführungen überhaupt nicht.
Dann habe ich Probleme mit ihnen – und auch mit dir.
Ich frage mich dann:
Was ist jetzt der richtige Weg? Wo geht's lang?
In diesen Zwiegesprächen
mit dir und mit meiner eigenen Seele
fällt mir dann ein:
Entscheidend ist ja wohl,
dass der Weg zum Ziel führt
und nicht vorher endet, wo ich nichts zu suchen habe.
Führung heißt also:
Ich bin nicht unabhängig,
nicht frei, zu tun, was ich will;

sondern frei, zu wollen,
was ich tun soll!
Wenn's um Führung geht,
gibt's bei dir keine Demokratie,
nur Theokratie!
Du hast das Sagen!
Dabei bestimmen dich gute Absichten
über meinem Leben –
das habe ich inzwischen erkannt.
Das macht mich ruhig,
bringt Frieden in mein Herz
und oft auch in mein vegetatives Nervensystem.
Du bürgst mit deinem Namen:
Wunderbar, Rat,
Kraft, Held,
Ewig-Vater, Friedefürst –
für den richtigen Kurs für mein Leben.
Ja, du führst nicht nur, du bist selbst der Weg zum Ziel.
Wenn ich mit deinen Absichten identisch werde,
deinen Willen tue,
geht's gut.
So kann ich rückblickend dankbar bekennen.
Deine Führungen und Fügungen bedeuten für mich:
Du ver-fügst über mich.
Du fügst alles letzt-endlich so, dass es gut für mich ist.

Du bist mein guter Hirte!

Wie ein guter Führer

Gott ist wie ein Führer.
Es gibt gute Führer.
Gott ist so einer.
Er will nicht,
dass ich mich verlaufe,
in die Irre gehe,
mich um meinen Weg sorge.
Daher bietet er mir Führung an.
Er geht voran –
Nach-folge –
ich soll folgen.
Und wenn dennoch die
Heidenangst
vor dem dunklen Morgen,
der undurchschaubaren Zukunft,
von mir Besitz ergreifen will,
sagst du mir zu:

Ich bin bei dir!
Ich führe dich den rechten Weg!
Mitten in deiner Angst
bin ich da!
Und wenn ich eigenwillig
in die Irre gehe,
auf falsche Wege gerate,
in Sackgassen komme,
dann machst du mir klar und
deutlich,
wohin solche Weg führen:
Am Ziel vorbei.
Das willst du aber nicht.
So bietest du mir einen Ausweg an,
der wieder auf den
richtigen Weg führt,
der zum Heimweg wird.

Du bist mein guter Führer!

**»Und ob ich schon wanderte im finstern Tal,
fürchte ich kein Unglück, denn du bist bei mir ...«**

Herr, mein Hirte,
das trifft nicht zu, weil ich so mutig und stark wäre,
dass mir vor nichts Angst und Bange würde.
Nein, es gibt nur eine Begründung dafür:
»... denn du bist bei mir!«; und zwar »alle Tage«!
Da sind die weniger schönen Tage nicht ausgenommen.
Weil du das zusagst,
macht mir das kleine Wörtchen »kein«,
mit seiner Ausschließlichkeit,
nicht mehr so große Probleme.
Dass du wirklich bei mir bist,
erlebe ich allerdings nur, wenn ich deine Gegenwart annehme,
dir vertraue, dass das stimmt:
»alle Tage« bist du bei mir!
Also auch und gerade dann,

»wenn sich die Sonn' verhüllt,
der Löwe um mich brüllt«.
Mitten in der Angst bist du da!
Trotz-dem gehört Glaubensmut dazu – es ist eine Zu-mutung –,
mich dann allein auf deine unsichtbare Gegenwart – zu verlassen
und mich nicht mit meinen Gedanken und Gefühlen
auf die Angst und Furcht einflößen wollenden
Schatten einzulassen.
In deiner Güte machst du mir das einsichtig
und ich re-signiere,
fange neu an, dir zu vertrauen.
Zu deiner Fürsorge für mich,
deiner Führung,
kommt jetzt noch dein Schutz.

Du bist mein guter Hirte!

Der Hirte auch

Ich liege wieder einmal in der Klinik.
Die Untersuchungen sind vorbei.
Sie haben mich mitgenommen.
Die Schmerzen sind noch immer unverändert da.
Ich bin müde, matt, ausgebrannt
an Geist, Seele und Leib.
Trübsinnig schaue ich in den strahlenden Sommertag.
Ein Krankenpfleger bekommt meine Stimmung mit.
Beim Verbandwechsel meint er:
»Sie sind im dunklen Tal?«
»Ja«, ist meine Antwort.
»Der gute Hirte auch«, ist seine kurze Bemerkung,
als er mein Zimmer verlässt.
Wieder allein sinne ich über diese Worte nach.
Ich muss am Ende meiner Überlegungen zugeben:
Das stimmt! »Du bist bei mir!«

Du bist mein guter Hirte!

»... dein Stecken und Stab trösten mich ...«

Herr, mein Hirte,
du gebrauchst den Stecken zur Abwehr von Gefahren
und den Stab zu meiner Führung,
zu meiner Zu-recht-weisung,
um mich immer wieder auf den richtigen Weg zu bringen.
Du schützt mich.
Du führst mich in der undurchdringlichen Finsternis.
Als mir jegliche Hoffnung entglitten war,
hast du mir die Augen geöffnet für deine Gegenwart.
Mitten in der Bedrängnis habe ich erfahren:
Du bist bei mir.
Du hast mir das Vertrauen in deine Führung wieder geschenkt.
Ich weiß wieder:
Es gibt einen Weg für mich,
auch wenn ich ihn noch nicht erkenne.
Ich weiß wieder:
Ich kann gehen,
auch wenn ich den Weg nicht weiß.
Du bist bei mir.
Das ist genug. Das macht mir Mut.
Wenn ich auf deine Stimme höre
und auf deinen Stecken und Stab achte,

bestimmt mich eine gewisse
Zuversicht
auf das, was ich hoffe,
und ich habe eine Überzeugung von
dem Ziel,
das ich noch nicht sehe.
Ich vertraue dir.
Wenn ich es nicht tue, fehlt mir die
Zuversicht
und das zielgerichtete Gehen.

Du bist mein guter Hirte!

Wie ein guter Freund

Gott ist wie ein Freund.
Es gibt gute Freunde.
Gott ist so einer.
Ich kann mit allen meinen
Anliegen zu ihm kommen;
mit allem, was mir Not bereitet.
Er hat immer Zeit für mich.
Wenn ich mit ihm darüber rede,
wird mir bereits wohler ums Herz.
Ich werde ruhig, gelassener,
kann klarer denken;
sehe oft wieder einen Weg,
wo ich vorher keinen Ausweg
mehr sah.
Mit meinem Freund zusammen
bin ich stärker als alle und alles,
was gegen mich ist.
Ich muss mir dies nur immer
wieder bewusst machen;
das heißt letztlich: ihm vertrauen,
damit ich's auch erlebe: da ist ein
Weg für mich.
Auf meinen guten Freund
kann man ich mich verlassen.
Er hält Wort, hilft mir,
ist gut zu mir, versteht mich,
liebt mich, bleibt bei mir,
führt mich auf rechter Straße.
Darum ist es für mich undenkbar,
diesen Freund zu verlassen.
Ich verlasse mich –
auf ihn!

Gott ist mein guter Freund!

**»Du bereitest vor mir einen Tisch
im Angesicht meiner Feinde ...«**

Herr, mein Hirte,
nach anstrengender Wanderung
durch dunkle Schluchten
darf ich an der Landstraße meines Lebens
bei dir Rast machen
– und das im Angesicht meiner Feinde –,
bevor es weiter geht dem Ziel entgegen.
Du bist ein vollkommener Gastgeber,
der mit Überfluss für mich sorgt,
und mich dabei unter seinen Schutz stellt.
Dein Tisch ist reich gedeckt.
Es ist ein heiliger Tisch.
Du lädtst mich dazu ein:
»Für dich! –
mein Leib gebrochen;
für dich! –
mein Blut vergossen;
für dich!« –
Brot und Wein,
sichtbar und doch Geheimnis.
Du selbst bist da.
Unbegreiflich und doch wahr;

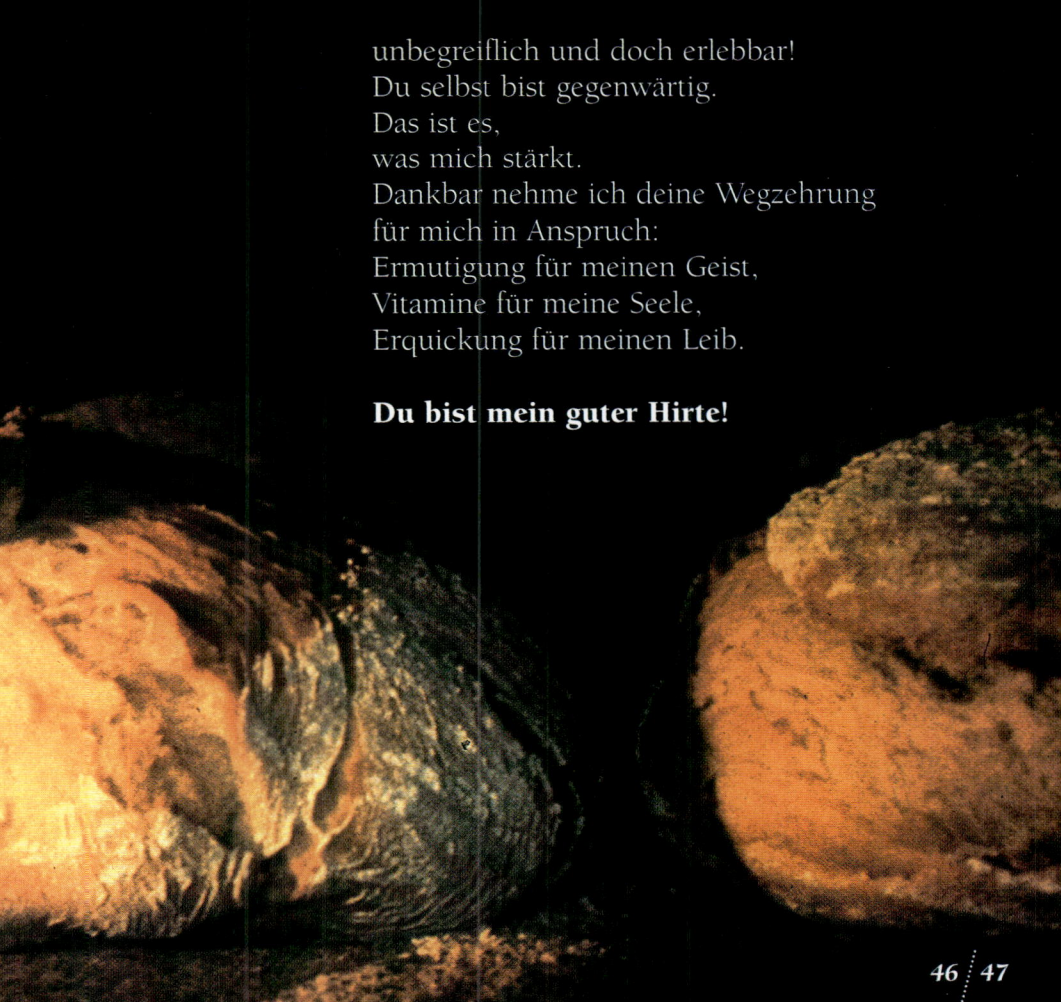

unbegreiflich und doch erlebbar!
Du selbst bist gegenwärtig.
Das ist es,
was mich stärkt.
Dankbar nehme ich deine Wegzehrung
für mich in Anspruch:
Ermutigung für meinen Geist,
Vitamine für meine Seele,
Erquickung für meinen Leib.

Du bist mein guter Hirte!

Schmecket und sehet!

Ein Seelsorge-Gemeinde-Seminar geht zu Ende.
Den Abschluss bildet ein Abendmahlsgottesdienst.
In der Woche gab es viele Seelsorgegespräche.
Gestörte Beziehungen
– zu Gott, zu sich selbst, zum Nächsten –
wurden bereinigt.
Der Pfarrer lädt im Gottesdienst ein:
»Schmecket und sehet, wie freundlich der Herr ist.
Wohl dem, der ihm vertraut!«
Stille Gebetszeit folgt,
mit dem Hinweis,
sich durch Vergebung erquicken zu lassen.
Mitten in der Stille stehen zwei Gemeindeglieder auf,
gehen aufeinander zu,

bitten einander um Vergebung,
teilen Vergebung aus,
reichen sich die Hände
und gehen miteinander zum Abendmahl.
Sie haben Jesu Wort gehört und verstanden:
»Meine Schafe hören meine Stimme, und ich kenne sie;
und sie folgen mir …«

Du bist der gute Hirte!

**»Du salbest mein Haupt mit Öl
und schenkest mir voll ein ...«**

Herr, mein Hirte,
auf meinem Lebensweg gibt es
manche Verletzungen äußerer und innerer Art,
Geist, Seele und Leib haben gelitten,
sind in Mit-leiden-schaft gezogen.

Danke, dass du mir – im Bild gesprochen –
die Hände auflegst,
Heils-Öl durch deinen guten Heiligen Geist
in mein Leben fließen lässt.
Hab Dank für deine heilenden Kräfte,
mit denen du mein Leben ganz ausheilen willst.
Heile meine Wunden.
Wenn du heilst,
dann heilst du zum ewigen Leben.
Deshalb durchdringe
mein Herz, meine Gefühle, mein Gemüt,
meine Denken, meinen Willen,
dass du sie,
dass du mich heilen kannst.
Es hat sich so vieles in meinem Leben angesammelt:
negative Erfahrungen, bedrängende Erinnerungen,
Ängste, Enttäuschungen, Demütigungen, Versagen,
Verwundungen der Seele, Gekränktsein ...
Bitte,
lass deinen Becher mit Heils-Öl überfließen
und mache mich heil.
Nimm mich hinein in den Strom deiner heilenden Liebe.
Bei dir ist Heil und Heilung die Fülle.

Du bist mein guter Hirte!

Wie ein guter Arzt

Gott ist wie ein Arzt.
Es gibt gute Ärzte.
Gott ist so einer.
Bei ihm muss ich nicht
ungebührlich lange warten.
Er hat Zeit für mich.
Er hört mir zu.
Er nimmt meine Beschwerden,
meine Schmerzen ernst.
Er ist vertrauenswürdig.
Er stellt eindeutige Diagnosen.
Er hat viele Heil-methoden
und Therapie-möglichkeiten,
mit Worten und Taten.
Er hat meine Heilung,
mein Heil und Wohl im Auge.

Wenn not-wendig schneidet er,
nicht um mir weh zu tun,
sondern damit die Wunde
besser heilen kann.
Er gießt sein Heil-Öl hinein.
Er verbindet mich.
Er rät mir.
Er kümmert sich um mich.
Er fragt nach, wie es mir geht.
Er spricht mir gut zu.
Er ermutigt mich.
Von einem solchen Arzt
fühle ich mich verstanden,
angenommen,
gut behandelt, bestens betreut.

Du bist mein guter Arzt!

»Güte und Gnade werden mir folgen mein Leben lang ...«

Herr, mein Hirte,
»du bist gnädig und barmherzig,
geduldig und von großer Güte,
du gehst nicht mit mir um,
wie ich es verdient hätte...«;
mich »ver-folgen« deine Güte
und Barmherzigkeit.
Mir wird es an nichts fehlen,
denn du sorgst für mich.
Du schenkst mir neue
Lebensfreude
und führst mich zielstrebig
den Weg des Lebens.
Und wenn dennoch Angst
vor dem Morgen
mir zu schaffen macht,
willst du mich dessen
gewiss machen:
Es geschieht nichts in
meinem Leben
ohne deinen Willen,
ohne deine Zulassung,
ohne dein Wissen
und schon gar nichts gegen
deinen Willen!
Du bist allezeit da, hast alle Macht
im Himmel und auf Erden,
bist Herr der Lage,
behältst den Überblick von
höherer Warte aus.
Du hast mir das versprochen!
In aller Unruhe willst du mir
Ruhe und Gelassenheit geben;
für jeden Tag neu:
Mut, Kraft, Zuversicht,
Vertrauen ...
All das brauche ich not-wendig!
So wird alles, was mir begegnet,
zu meinem Ausreifen dienen.
Dahinter stehen deine Güte
und Barmherzigkeit.
Sie begleiten mich durch's Leben,
bis ich einst auf ewig bei dir
sein werde.

Du bist mein guter Hirte!

**»Gutes und Barmherzigkeit
werden mir folgen
mein Leben lang ...«**

Herr, mein Hirte,
welche Begleiter auf meinem Lebensweg!
Gutes und Barmherzigkeit,
Gnade und Treue –
sie werden nicht von mir weichen,
mir folgen ein Leben lang!
Ich möchte keinen Schritt
ohne diese Gewissheit gehen.
Ich möchte erleben,
dass deine unsichtbaren Hände mich führen,
deine Augen mich leiten,
deine Liebe mich umschließt,
dein Friede mich erfüllt,
deine Vergebung mich erquickt,
dein Geist mich inspiriert.
Meine Gedanken erfassen dieses Wunder nicht.
Es ist nicht gegen meine Vernunft,
aber es übersteigt mein Verstehen.
Ich liebe dich.
Ich vertraue dir.
Ich folge dir.

Du bist mein guter Hirte!

»... und ich werde bleiben im Hause des Herrn immerdar ...«

Herr, mein Hirte,
vor mir liegt das unbegreiflich Andere und Neue –
die Ewigkeit, zeitlose Zeit,
eine andere Qualität von Leben.
Bei dir bin ich willkommen
am Ende meiner Erdentage.
Du wartest auf meine Heimkehr.
Dann bin ich nicht mehr Gast und Fremdling auf dieser Erde,
sondern Bürger und Hausgenosse in deiner neuen Welt.
Der Blick auf dieses Ziel gibt mir die Kraft,
den Weg dorthin getrost und zuversichtlich
unter die Füße zu nehmen.
Meine Heimat ist im Himmel, wo es
keinen Krieg und keinen Streit,
keine Krankheit und keine Schmerzen,
keine Not und keine Sorgen,
keine Tränen und kein Leid,
kein Böses und kein Heilloses,
keinen Kummer und keine Angst,
keine Ungerechtigkeit und keine Unbarmherzigkeit,
keinen Tod

mehr geben wird.
Zu dir darf ich heimkehren für endlose Tage.
Liebe und Gerechtigkeit,
Frieden und Freude,
Güte und Freundlichkeit
werden mich erwarten.
Du sagst:
»Siehe, ich mache alles neu!«
Ich danke dir für diese Perspektiven!

Du bist mein guter Hirte!

Der Herr, mein Hirte!

Der Herr ist mein Hirte
mir mangelt nichts.
Er weidet mich auf saftigen Wiesen.
Er führt mich zum Ruheplatz am Bach.
Er stillt mein Verlangen.
Er führt mich auf rechten Wegen.
Dafür bürgt er mit seinem Namen.
Auch wenn es durch dunkle Schluchten geht,
fürchte ich kein Unheil,
denn du bist ja bei mir.
Du schützest mich und führst mich.
Das macht mir Mut.
Du deckst für mich einen Tisch
vor den Augen meiner Feinde.
Du salbest mein Haupt mit Öl.
Mein Becher fließt über.
Nur Güte und Gnade werden
mich begleiten mein Leben lang.
Wohnen darf ich im Hause des Herrn allezeit.

Du bist mein guter Hirte!

Kurt Scherer, Jg. 1938, Pastor i. R. der Ev.-Methodistischen Kirche.
Nach 10 Jahren im Gemeindedienst arbeitete er lange Zeit in der
Leitung des ERF, Wetzlar, wo er als stellvertretender Direktor für die
Bereiche Seelsorge und Fernsehen verantwortlich war.
Kurt Scherer ist Autor von zahlreichen Rundfunkansprachen, seel-
sorgerlichen Büchern und Publikationen, Leiter von Seminaren für
Konfliktbewältigung und biblische Lebensgestaltung sowie Beirats-
mitglied in der »Deutschen Gesellschaft für Biblisch-Therapeutische
Seelsorge« und Mitbegründer der sozial-therapeutischen Lebens-
gemeinschaft »Glaubenshof Cyriaxweimar e. V.« bei Marburg.

Hänssler – Bildband
Bestell-Nr. 393.507
ISBN 3-7751-3507-3

© Copyright 2000 by Hänssler Verlag, D-71087 Holzgerlingen
Gesamtlayout: Ingo C. Riecker
Satz: Vaihinger Satz & Druck
Druck und Bindung: Sebald Sachsendruck, Plauen
Printed in Germany

Quellennachweis:

»Das Lebens-mittel« aus: Kurt Scherer, Mit Stress leben,
© Copyright by Hänssler Verlag

Psalm 23: nach Toki Hiyesnewa

Bildnachweis:

Titelfoto: Rosi Krey
Fotos im Innenteil:
Beate Binder
Wolfgang Diederich
Hilla & Max Mosche Jacoby
Rosi Krey
Fotoarchiv Mendrea
MEV
Micha Pawlitzki
Ingo C. Riecker